Henriette Wich

Kleine Geburtstagsgeschichten

Mit Bildern von Dorothea Tust

arsEdition

Die Deutsche Bibliothek - CIP-Einheitsaufnahme

Kleine Geburtstagsgeschichten / Henriette Wich.
Mit Bildern von Dorothea Tust. - München : Ars-Ed., 2003
  (Känguru : Erste Geschichten zum Selberlesen)
  ISBN 3-7607-3921-0

1. Auflage 2003

Lesedidaktische Beratung: Prof. Dr. Manfred Wespel

© 2003 arsEdition GmbH, München
Alle Rechte vorbehalten
Titelbild und Innenillustrationen: Dorothea Tust
Titelvignette: Carola Holland
Einbandkonzeption: Ralph Bittner
ISBN 3-7607-3921-0

www.arsedition.de

Inhalt

Kai hat heute frei   8

Party ohne Doro?   16

Zwei Riesenwünsche   22

Weißt du, was ich dir schenke?   30

Heiße Würstchen   37

Kai hat heute frei

Kai wacht auf und denkt sofort:
Endlich Geburtstag!
Da klopft es an der Tür.
Mama bringt einen Kuchen
mit acht Kerzen.
„Alles Gute!",
ruft sie fröhlich.
„Nach der Schule
feiern wir."

Kai pustet alle Kerzen
auf einmal aus.
Dann strahlt er Mama an.
„Heute hab ich frei.
Weil mein Geburtstag ist."
Mama guckt ihn zweifelnd an.
„Stimmt das wirklich?"
Kai nickt und wird rot.

Mama lacht.
„Na gut.
Dann gehen wir schon
heute früh in den Zoo.
Ich sags Oma und Opa."
„Jippieh!",
jubelt Kai.

Im Zoo ist es noch herrlich leer.
Opa sagt zu Kai:
„Heute hast du die Löwen
ganz für dich allein!"
Oma sagt zu Kai:
„Und bei der Delfinshow
sitzt du in der ersten Reihe!"

Die vier kreischen,
als sie von den Delfinen
nass gespritzt werden.

Später schlendern sie
zum Haus von Oma und Opa.
Dort gibt es Eis
statt Mittagessen.

Und neue Skates für Kai.
Damit fährt er gleich zu sich
nach Hause.

Abends macht Mama
extra dicke Pommes.

Da fängt Kai an:
„Du, Mama, ich hab dich
heute Morgen angeschwindelt."
Mama zwinkert Kai zu.
„Ich weiß.
Deshalb hab ich dich auch
in der Schule entschuldigt.
Aber ..."

„Ich weiß!",
unterbricht Kai sie.
„So was gibts nur einmal."
Mama nickt.
„Und es bleibt
unser Geheimnis!"
Da fällt Kai Mama
um den Hals.

Party ohne Doro?

In der Pause rennt Jana
zu ihrer neuen Freundin Doro.
„Kommst du
zu meiner Geburtstagsfeier?"
„Klar!", sagt Doro.
Jana erzählt:
„Papa macht mit uns Spiele:
Eierlaufen und Blindekuh."

Doro zuckt mit den Schultern.
„Mein Papa hat letztes Mal
einen Zauberer eingeladen.
Und vorletztes Mal eine Band."

Da platzt Jana heraus:
„Ich lad dich doch nicht ein."
Und schon ist sie weg.
Doro ruft ihr nach:
„Ich habs nicht so gemeint!"
Aber Jana dreht sich nicht um.

An Janas Geburtstag
spielen die Gäste
lautstark Eierlaufen.
Nur Jana steht still daneben.
„Was hast du?",
fragt Papa.
„Ich hab was Wichtiges
vergessen",
antwortet Jana.
„Bin gleich wieder da."

Zehn Minuten später
steht sie atemlos vor Doro.
„Kommst du doch
zu meiner Party?
Ohne dich machts mir
keinen Spaß."
Doro zögert kurz.
Dann sagt sie: „Gern!"

Seite an Seite rennen die beiden
zu Janas Haus zurück.
Janas Vater winkt.
Da flüstert Doro Jana zu:
„Der Zauberer konnte fast alles –
nur nicht meinen Papa herzaubern.
Der hat oft nicht mal
an meinem Geburtstag
Zeit für mich."

Jana sagt:
„Mein Papa hat Zeit für zwei.
Stimmts, Papa?"
Janas Vater nickt.
„Aber nur, wenn ihr
endlich mitmacht.
Wer will die blinde Kuh sein?"
„Ich!",
rufen Jana und Doro gleichzeitig.

Zwei Riesenwünsche

Morgen hat Felix Geburtstag.
„Was wünschst du dir?",
fragen Mama und Papa.
Felix überlegt.
„Ich hätte gern eine riesige
Lakritz-Schokotorte.
Und für meine Feier
ein Zimmer voller Luftballons."

Papa schmunzelt.
„Das sind ja gleich
zwei Riesenwünsche auf einmal."
Mama seufzt:
„Da musst du uns aber helfen."
Felix nickt.
Zuerst hilft er Papa
beim Kuchenbacken.

Felix rührt den Teig
auf Stufe drei.
Auf einmal ist Papas Gesicht
voller Schoko-Sommersprossen.
„Hilf mal lieber Mama!",
sagt Papa.

Mama sitzt
im Wohnzimmer
und bläst Luftballons auf.
Sie hat schon
einen ganz roten Kopf.
Felix ruft:
„Wetten, dass ich mehr Puste
hab als du?"
Felix pustet und pustet.

„Peng!", macht es plötzlich.
Mama lächelt gequält.
„Hilf mal lieber Papa!"

Papa verziert schon die Torte.
Zusammen türmen sie
einen Berg aus Lakritze darauf.
Felix holt ein Fähnchen
und steckt es auf den Gipfel.
Da kommt der Berg ins Rutschen.
„Eine Lawine!",
schreit Papa.

Die Torte stürzt
in sich zusammen.
Felix flüstert:
„Jetzt hab ich morgen
keine Torte."
Papa sagt:
„Dafür hast du heute
eine Tortenschlacht."
Er greift in den Brei
und holt weit aus.

Felix duckt sich.
Die Ladung saust
an Mamas verdutztem Gesicht
vorbei mitten in die Luftballons.
„Toll!", ruft Felix.
„Dann spielen wir morgen
statt Würstel-Schnappen
Luftballons-Schlecken."

Weißt du, was ich dir schenke?

Moni fragt ihren Bruder:
„Weißt du, was ich dir
zum Geburtstag schenke?"
Ulf brummt:
„Ich wills nicht wissen."
Moni redet trotzdem weiter:
„Es ist weiß,
aber nicht immer.
Das errätst du nie."
Ulf mault:
„Dann behalts auch für dich."
„Blödmann!", sagt Moni.

An ihre Tür
klebt sie einen Zettel:
Betreten verboten!
Moni bastelt
eine Schneekugel für Ulf.
Mit einem Auto
mitten im Schneesturm.
Endlich ist sie fertig.

Beim Essen fängt Moni wieder an:
„Weißt du, was ich dir schenke?
Es ist rund
und du musst es schütteln."

Ulf stöhnt:
„Eine Schneekugel, oder?"
Moni wird blass.
Aber sie reißt sich zusammen.
„Falsch geraten!", ruft sie.

Als Moni wieder allein ist,
überlegt sie fieberhaft.
Für ein neues Geschenk
ist es zu spät.
Da hilft nur eins:
Sie muss die Kugel
besonders schön verpacken.

Wo war doch gleich
die Schleife?
Moni dreht sich um
und stößt dabei an den Tisch.
O nein, die Kugel!
Moni kann sie nicht mehr halten.

Am Boden
liegen tausend Scherben.
Nur das Auto ist noch ganz.
Da bindet Moni einfach
die Schleife drum herum.

Am nächsten Morgen
streckt sie Ulf das Auto hin.
Ulf strahlt.
„Super, ein Porsche!
Der ist mir tausendmal lieber
als 'ne Schneekugel!"

Heiße Würstchen

„Wie lang dauerts denn noch?",
fragt Paul vom Hintersitz.
Er kann es nie erwarten,
bei seiner Lieblingstante
Margit zu sein.
An seinem Geburtstag
schon gar nicht.

Papa bremst und stöhnt:
„Jetzt ist Stau!"
Paul ruft verzweifelt:
„Tante Margit hat sicher schon
Feuer gemacht zum Grillen.
Und die Würstchen schmoren
hier im Auto."

Da hat Mama eine Idee:
„Dann grillen wir eben
ohne sie – hier am See.

Wenn sich der Stau aufgelöst hat,
fahren wir weiter.
Ich ruf schnell Tante Margit an."
Schon murmelt sie
etwas in ihr Handy.

Paul mault:
„Ich will nicht alleine grillen,
ich will zu Tante Margit."
Papa sieht Mama entsetzt an.
„Hilfe, Paul ist allein!
Wir haben uns in
Gespenster verwandelt!"

Jetzt muss Paul lachen.
„Mit euch macht es
natürlich auch Spaß."

Bald haben sie einen Platz
am See gefunden.
Paul und Papa sammeln Holz
vom Boden auf.
„Darf ich mitgrillen?",
fragt da eine Stimme hinter ihnen.
„Tante Margit!", jauchzt Paul
und umarmt seine Tante.

„Wie kommst du denn hierher?",
fragt Papa.
Tante Margit antwortet:
„Mit meinem Roller natürlich.
Der passt durch jeden Stau."
Dann holt sie ein großes Geschenk
hinter ihrem Rücken hervor.
„Alles Gute zum Geburtstag!"

Paul ruft begeistert:
„Ein Schlauchboot!
Hilfst du mir
beim Aufblasen?"
Tante Margit lächelt.
„Deswegen bin ich
ja hergekommen!"

Erste Geschichten zum Selberlesen

Riesenkaninchen Graupfote hat so seine Schwierigkeiten, für welchen Menschen es sich entscheiden soll. Nimmt es den Baggerfahrer, der gerade im Angebot ist?

ISBN 3-7607-3865-6

Rieke darf nicht einmal galoppieren! Und dann diese kichernden Mädchen! Am Ende der Stunde erleben alle eine Überraschung!

ISBN 3-7607-3835-4

Julia ist ganz schön mulmig zumute, als sie neu in die Klasse kommt. Aber dann wird Tom gleich am ersten Tag ihr neuer Freund.

ISBN 3-7607-3736-6

Erste Geschichten zum Selberlesen

Der Gänserich Toni hockt jeden Tag vor dem Zaun und schnattert Moppel, dem weißen Kaninchen, leise zu. Ob er sich wohl verliebt hat?
ISBN 3-7607-3842-7

Oliver und Florian werden immer als Letzte gewählt. Gurkenkicker sagen die anderen zu ihnen. Aber denen werden sie es schon noch zeigen ...
ISBN 3-7607-3738-2

Nele und ihr Opa sind so dicke Freunde, dass sie immer zusammenhalten. Isa ist umgezogen und kennt noch niemanden. Aber das ändert sich bald ...
ISBN 3-7607-3774-9